JENS SCHUMACHER

VERRÜCKTE LÜCKEN

AUSFÜLLEN – VORLESEN – ABLACHEN

TOTAL STÜRMISCHE FUßBALLGESCHICHTEN

Loewe

VERRÜCKTE LÜCKEN

ist ein durchgedrehtes, ganz und gar unsinniges Textspiel, das man allein oder mit Freunden spielen kann. Die Regeln sind kinderleicht.

SPIELREGELN

Zu Beginn füllst du die Seite WORTVORRAT (vor jeder **VERRÜCKTE LÜCKEN**-Geschichte) aus. Diese Liste sieht immer etwas anders aus.

In jede Zeile setzt du ein Wort der gesuchten Gattung ein.

WICHTIG: Du darfst dir die **VERRÜCKTE LÜCKEN**-Geschichte auf der folgenden Seite noch NICHT ansehen!

Zur Erinnerung:

Ein Verb (auch „Tuwort")

Meistens ist die Grundform gefordert, z. B. „rennen", „essen" oder „schwimmen".

Wird das Verb in einer bestimmten Person benötigt, musst du es anpassen, z. B. ER, SIE oder ES „rennt" oder „schwimmt".

TIPP: Verben, die eine konkrete Tätigkeit beschreiben, z. B. „rufen" oder „fliegen", funktionieren am besten. Verben wie „sein" oder „haben" oder zusammengesetzte Verben wie z. B. „anspringen" oder „zurückblicken" führen dazu, dass der Text sich später ein bisschen holprig liest.

Hihihi

Ein Nomen (auch „Hauptwort" oder „Namenwort")

bezeichnet NAMEN, LEBEWESEN, DINGE oder EREIGNISSE (z. B. „Haus" oder „Fisch").

Damit die Wörter besser in den Text passen, ist manchmal vorgegeben, ob es DER, DIE oder DAS sein soll.

Meistens ist die EINZAHL gefordert, manchmal auch die MEHRZAHL (z. B. „Häuser" oder „Fische").

Ein Adjektiv (auch „Wiewort")

beschreibt, WIE jemand oder etwas ist, z. B. „bunt" oder „dumm".

Alle anderen Wörter erklären sich von selbst (z. B. Körperteil oder Farbe).

Sollte ein LAND gefragt sein, wähle eines ohne Artikel, z. B. „Deutschland" oder „Indien". (Die Schweiz oder die Türkei scheiden leider aus.)

Hast du alle Felder ausgefüllt,
sieht dein WORTVORRAT z. B. so aus:

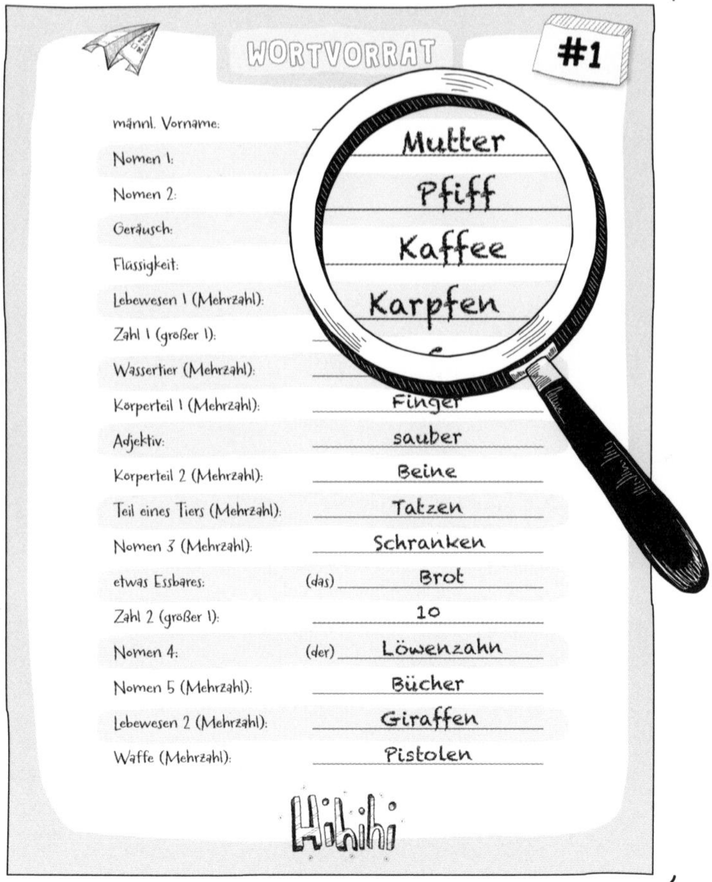
WORTVORRAT

#1

männl. Vorname:	
Nomen 1:	
Nomen 2:	
Geräusch:	
Flüssigkeit:	
Lebewesen 1 (Mehrzahl):	
Zahl 1 (größer 1):	
Wassertier (Mehrzahl):	
Körperteil 1 (Mehrzahl):	Finger
Adjektiv:	sauber
Körperteil 2 (Mehrzahl):	Beine
Teil eines Tiers (Mehrzahl):	Tatzen
Nomen 3 (Mehrzahl):	Schranken
etwas Essbares:	(das) Brot
Zahl 2 (größer 1):	10
Nomen 4:	(der) Löwenzahn
Nomen 5 (Mehrzahl):	Bücher
Lebewesen 2 (Mehrzahl):	Giraffen
Waffe (Mehrzahl):	Pistolen

Jetzt darfst du umblättern und beginnen,
die VERRÜCKTE LÜCKEN-Geschichte zu lesen.

Schritt 2

#1

DIE GESCHICHTE UNSERER WELT

Hihihi

Lehrer: Dieter (männl. Vorname), wiederhole bitte, was wir in der letzten Stunde darüber gelernt haben, wie das Riesenrad (Nomen 1) auf unserer Mutter (Nomen 2) entstand und wie es sich entwickelte.

Schüler: Am Anfang, kurz nach dem Ur- Pfiff (Geräusch), gab es erst mal gar nix. Irgendwann bildeten sich im Kaffee (Flüssigkeit) die ersten Karpfen (Lebewesen 1). Im Verlauf von etwa 5 (Zahl 1) Jahren wurden aus ihnen Wale (Wassertier), noch etwas später wuchsen ihnen dann Finger (Körperteil 1) und sie krabbelten an Land.

Lehrer: Bis jetzt ganz sauber (Adjektiv). Weiter!

Schüler: Die ersten Landbewohner waren Reptilien. Manche hatten lange Beine (Körperteil 2), andere besaßen Tatzen (Teil eines Tiers) und segelten damit durch die Luft. Es gab welche, die fraßen nur Schranken (Nomen 3), andere ernährten sich von Brot (etwas Essbares). Die größten Dinosaurier konnten 10 (Zahl 2) Meter lang werden! Aus einem unbekannten Grund starben sie irgendwann aus. Manche vermuten, ein Löwenzahn (Nomen 4), der vom Himmel auf die Erde fiel, sei dafür verantwortlich gewesen. Säugetiere übernahmen die Herrschaft, die Urahnen vieler heutiger Bücher (Nomen 5) und auch des Menschen entwickelten sich: zottige Affen- Giraffen (Lebewesen 2), die schwere Stein- Pistolen (Waffe) schwangen.

Lehrer: Und was wurde aus diesen Frühmenschen, nachdem sie ihren Pelz abgelegt hatten?

Schüler: Äh … Lehrer?

Lol

Stößt du auf eine Lücke, fügst du an der Stelle das geforderte Wort aus dem WORTVORRAT ein. So entsteht deine ganz persönliche, abgedrehte und in vielen Fällen total unsinnige VERRÜCKTE LÜCKEN-Geschichte.

Spielst du **VERRÜCKTE LÜCKEN** mit deinen Freunden, bitte jeden Mitspieler um ein Wort für den WORTVORRAT – so lange, bis die Liste voll ist.

Ein Mitspieler wird zum Vorleser ernannt, der eure **VERRÜCKTE LÜCKEN**-Geschichte vorliest, indem er die zusammengetragenen Wörter an den jeweiligen Stellen einsetzt.

Wichtig: Sollte es einmal vorkommen, dass ein Satz in einem ausgefüllten Lückentext ein bisschen holprig klingt, z. B. weil die Endung eines Nomens oder ein Verb nicht 100%ig in die Satzstruktur passen, kann es dafür zwei Gründe geben:

a) Du hast ein superungewöhnliches, total krankes Wort gewählt, das wir beim Ausdenken des Lückentexts unmöglich vorhersehen konnten.

b) Obwohl wir alles unternommen haben, sie ein bisschen zu zähmen, verhindert die knifflige deutsche Grammatik hier das reibungslose Funktionieren des Satzes.

So oder so, es ist nicht weiter schlimm. Wir sind hier nicht in der Schule und **VERRÜCKTE LÜCKEN** sollen vor allem eins:

SPAß MACHEN!

Und los geht's!

WORTVORRAT

#2

männl. Vorname: ______________________

Nomen 1: (das) ______________________

Nomen 2: (das) ______________________

Nomen 3: (die) ______________________

Nomen 4: ______________________

Flüssigkeit: ______________________

Adjektiv 1: ______________________

Ausruf: ______________________

ausländ. männl. Vorname: ______________________

Sportgerät: (der) ______________________

Körperteil: (der) ______________________

Verb 1: ______________________

Verb 2: ______________________

Adjektiv 2: ______________________

Adjektiv 3: ______________________

Verb 3: ______________________

Längenmaß (Mehrzahl): ______________________

#2

ELFMETER!

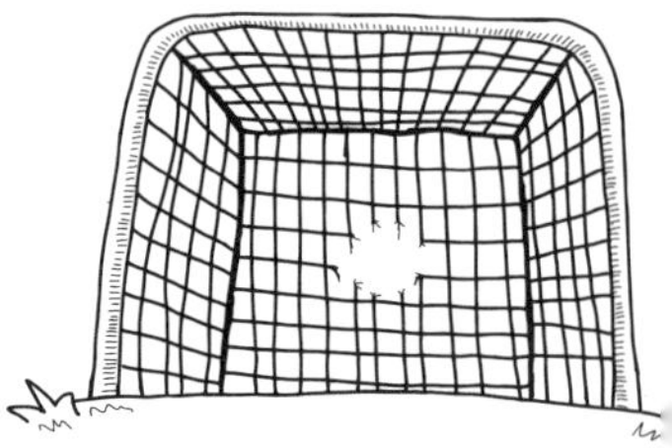

__________________ steht im __________________ .
männl. Vorname / Nomen 1

Das lang erwartete __________________ , das über den Aufstieg in
Nomen 2

die Regional-__________________ entscheiden wird, ist fast um.
Nomen 3

Es steht unentschieden. Ein Elfmeter soll über __________________ oder
Nomen 4

Niederlage entscheiden. Jetzt hängt alles von __________________ ab!
männl. Vorname, s. o.

__________________ tritt ihm auf die Stirn. __________________ tänzelt er
Flüssigkeit / Adjektiv 1

auf der __________________-Linie hin und her … Wen werden die Gegner für
Nomen 1, s. o.

den Schuss aufstellen?

__________________ ! Ausgerechnet __________________ !
Ausruf / ausländ. männl. Vorname

Man sagt, er sei so gut mit dem __________________ , dass er einer Fliege damit
Sportgerät

die Flügel abschießen könnte.

__________________ weiß: Die Hälfte seiner Arbeit spielt sich
männl. Vorname, s. o.

im __________________ ab. Er muss Ruhe bewahren, den Gegner
Körperteil

scharf __________________ …
Verb 1

Der nimmt jetzt Anlauf! Wohin wird er __________________ ? Nach rechts oder links,
Verb 2

wird er __________________ zielen oder eher __________________ ?
Adjektiv 2 / Adjektiv 3

Da – ein kaum merkliches __________________ im linken Auge des Schützen … *Links!*
Verb 3

__________________ wirft sich nach links – und der __________________
männl. Vorname, s. o. / Sportgerät, s. o.

zischt viele __________________ rechts von ihm ins Netz. __________________ ! Verflixt!
Längenmaß / Nomen 1, s. o.

WORTVORRAT

#3

Nomen 1 (Mehrzahl): ______________________

Nomen 2: (der) ______________________

Körperteil 1: (der) ______________________

Körperteil 2: (der) ______________________

Nomen 3: (das) ______________________

Körperteil 3: (die) ______________________

Körperteil 4: (der) ______________________

Nomen 4: (die) ______________________

Fremdsprache: ______________________

Adjektiv: ______________________

Nomen 5 (Mehrzahl): ______________________

Beruf: (der) ______________________

Nomen 6: (die) ______________________

#3

FUßBALL FÜR ANFÄNGER

Beim Fußball hört man immer wieder bestimmte ____________________ .
Nomen 1

Weißt du, was sie alle bedeuten?

– **Kopfball:** Hierbei wird der ____________________ ausnahmsweise
Nomen 2
nicht mit dem ____________________ angenommen bzw. gespielt,
Körperteil 1
sondern mit dem ____________________ . Profis erzielen auf diese Weise
Körperteil 2
sogar manchmal ein ____________________ .
Nomen 3

– **Handspiel:** Der Spieler berührt den ____________________ versehentlich
Nomen 2, s. o.
mit der ____________________ oder dem restlichen ____________________ .
Körperteil 3 — Körperteil 4
Das ist verboten und wird mit einem *Freistoß* für die gegnerische
____________________ geahndet.
Nomen 4

– **Foul:** Dieses Wort ist ursprünglich ____________________ und
Fremdsprache
bedeutet übersetzt so viel wie „ ____________________ “ oder „schmutzig“.
Adjektiv
Es bezeichnet regelwidriges Verhalten. Die Sportler können sich dabei
böse ____________________ zuziehen. Bei einem Foul unterbricht der
Nomen 5
____________________ das Spiel und der Täter bekommt eine ____________________ .
Beruf — Nomen 6

– **Freistoß:** eine Spielstrafe, bei der ein Spieler der geschädigten
____________________ den ____________________
Nomen 4, s. o. — Nomen 2, s. o.
zugeteilt bekommt und ihn wieder ins Spiel bringen darf.

WORTVORRAT

#4

weibl. Vorname: ______________________

Fußballverein 1: ______________________

Fußballverein 2: ______________________

öffentl. Gebäude: (das) ______________________

Adjektiv 1: ______________________

Nomen 1 (Mehrzahl): ______________________

Nomen 2 (Mehrzahl): ______________________

Verb 1: ______________________

Nomen 3: (die) ______________________

Verb 2: ______________________

Nomen 4: (das) ______________________

Sinnesorgan (Mehrzahl): ______________________

Nomen 5: (der) ______________________

Adjektiv 2: ______________________

Zahl (größer 1): ______________________

elektr. Gerät: (der) ______________________

#4

DAS GEBURTSTAGS-GESCHENK

Zum Geburtstag bekommt ______________ von ihrem Vater ein Ticket für
weibl. Vorname

das lang erwartete Spiel ______________ gegen ______________ .
Fußballverein 1 — Fußballverein 2

Bei der Ankunft am ______________ staunt sie nicht schlecht:
öffentl. Gebäude

Wie ______________ hier alles ist! Und die vielen ______________ !
Adjektiv 1 — Nomen 1

Es dauert endlos, bis Papa und sie drinnen sind – und noch länger, bis sie

ihre ______________ finden. „Man muss gut ______________ ,
Nomen 2 — Verb 1

sonst steht man plötzlich in der falschen ______________ –
Nomen 3

mitten zwischen Fans der Gegenseite", erklärt Papa.

Das Spiel beginnt. ______________ kann nicht viel ______________ ,
weibl. Vorname, s. o. — Verb 2

die Leute vor ihr sind alle größer. Als das erste ______________ fällt,
Nomen 4

hält sie sich erschrocken die ______________ zu.
Sinnesorgan

Der ______________ der Massen ist wahnsinnig ______________ !
Nomen 5 — Adjektiv 2

In der Halbzeitpause bekommt ______________ Durst.
weibl. Vorname, s. o.

Aber eine Limo kostet ______________ Euro, so viel hat Papa nicht mehr.
Zahl

Am Ende gewinnt ______________ knapp. Obwohl ______________
Fußballverein 1, s. o. — weibl. Vorname, s. o.

ein Fan der Mannschaft ist, kann sie sich nur mäßig freuen: Sie hat kaum etwas gesehen

und ihre ______________ tun weh. Das nächste Spiel möchte sie sich lieber
Sinnesorgan, s. o.

wieder im ______________ anschauen.
elektr. Gerät

WORTVORRAT

#5

Nomen 1: (der) ____________________

Nomen 2: (der) ____________________

Nomen 3 (Mehrzahl): ____________________

Beruf: (der) ____________________

Nomen 4 (Mehrzahl): ____________________

Material: (der o. das) ____________________

Nomen 5: (das) ____________________

Verb 1: ____________________

Verb 2: ____________________

Körperteil 1 (das, Mehrzahl): ____________________

Körperteil 2: (der) ____________________

Adjektiv: ____________________

Nomen 6: (die) ____________________

etwas, das man kauft: ____________________

Nomen 7 (Mehrzahl): ____________________

#5

RIESENSPASS FÜR GROSS UND KLEIN

Du willst mal wieder den ____________________ kicken, aber draußen fällt
Nomen 1

der ____________________ in Strömen? Oder du findest nicht genügend
Nomen 2

____________________, die mitmachen? Für solche Fälle hat sich ein kluger
Nomen 3

________________ aus Schwaben vor fast 100 Jahren etwas einfallen lassen. Er erfand
Beruf

ein Spiel, das noch heute viele Fußball-____________________ begeistert: *Tipp-Kick*.
Nomen 4

Das Spielfeld besteht aus einem Stück grünem ____________________ .
Material

Auf beiden Seiten wird je ein ____________________ aufgestellt.
Nomen 5

Jede Seite hat mehrere Feldspieler, die man frei auf dem Feld ________________ darf.
Verb 1

Gespielt wird mit einem kleinen, zwölfeckigen ________________________ .
Nomen 1, s. o.

Der Clou: Die Feldspieler können richtig ________________ ! Eins
Verb 2

ihrer ____________________ ist beweglich – drückt man auf einen Knopf
Körperteil 1

im ____________________ der Figur, tritt sie nach vorne aus. So kann man
Körperteil 2

den ______________________ taktisch übers Feld befördern und – sofern der
Nomen 1, s. o.

Gegner mit seinem ______________________-Hüter nicht ____________________
Nomen 5, s. o. — Adjektiv

genug reagiert – ein ______________________ schießen.
Nomen 5, s. o.

Tipp-Kick hat sich auf der ganzen ____________________ viele Millionen Mal verkauft.
Nomen 6

Man bekommt es in jedem ___________________________-Laden,
etwas, das man kauft

manche ____________________ spielen es sogar professionell im Verein!
Nomen 7

Wäre das nicht etwas für den nächsten ______________________-Tag?
Nomen 2, s. o.

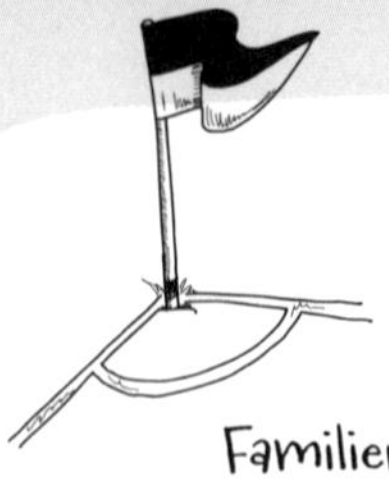

WORTVORRAT

#6

Familienmitglied: (der) ______________________

Kleidungsstück 1 (Mehrzahl): ______________________

Nomen 1: (die) ______________________

Zahl (größer 1): ______________________

Gebäude: (die) ______________________

Jahreszeit: ______________________

Adjektiv: ______________________

Nomen 2: (der) ______________________

Material: (der o. das) ______________________

Verb: ______________________

Nomen 3: (das) ______________________

Kleidungsstück 2 (Mehrzahl): ______________________

Körperteil 1 (Mehrzahl): ______________________

Körperteil 2 (Mehrzahl): ______________________

Fremdwort (Nomen): (das) ______________________

etwas zum Essen (Mehrzahl): ______________________

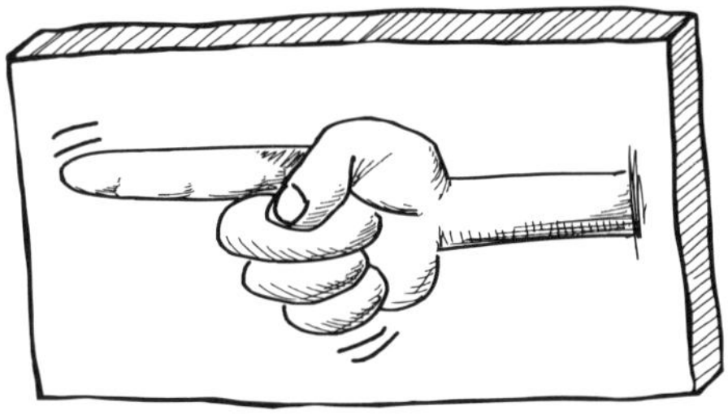

#6

NEULICH IM SPORTGESCHÄFT

Mutter: Guten Tag. Mein ______________________ geht ab nächster Woche
(Familienmitglied)

zum Fußballtraining. Dafür bräuchte er so dies und das.

Verkäufer: Das Wichtigste sind geeignete ______________________ .
(Kleidungsstück 1)

Wie ist denn deine ____________________ , Kleiner?
(Nomen 1)

______________________ : ____________________ !
(Familienmitglied, s. o.) (Zahl)

Verkäufer: Schön. Also ein Paar für draußen UND eins für die ____________________ .
(Gebäude)

Zur Kleidung: eine komplette Garnitur für den ____________________ UND
(Jahreszeit)

eine für die Zeit, wenn es ____________________ wird.
(Adjektiv)

Nicht zu vergessen: einen ____________________
(Nomen 2)

aus echtem ____________________ ! Damit er auch zu Hause ____________________ üben kann.
(Material) (Verb)

Mutter: Na gut. Das dürfte dann wohl alles …

Verkäufer: Wird der Kleine im ____________________ stehen?
(Nomen 3)

______________________ : Ähh … Keine Ahnung.
(Familienmitglied, s. o.)

Verkäufer: Dafür brauchst du noch eine komplette Keeper-Ausrüstung:

______________________ , Schutzpolster für ______________________
(Kleidungsstück 2) (Körperteil 1)

und ____________________ , ein ____________________ …
(Körperteil 2) (Fremdwort)

Mutter: *(beim Verlassen des Sportgeschäfts)* Die nächsten Wochen gibt es bei uns nur noch

Butter-______________________ . Ich bin jetzt nämlich pleite!
(etwas zum Essen)

WORTVORRAT

#7

Nomen 1:	(die)	______________
Nomen 2:	(das)	______________
Nomen 3:	(die)	______________
Nomen 4:	(der)	______________
englisches Nomen:	(das)	______________
eine Verletzung:		______________
Adjektiv:		______________
Zahl 1 (größer 1):		______________
Zahl 2 (größer 1):		______________
Beruf 1:		______________
Gefäß:	(der)	______________
Material:	(der o. das)	______________
Körperteil:	(der)	______________
Beruf 2:	(der)	______________
Zahl 3 (größer 1):		______________
Verb:		______________

#7

GLÜCK IM SPIEL …

Gestern war der schönste Tag in Rolos Leben – und zugleich der blödste.

Am Nachmittag gewann seine ______________ (Nomen 1) das Fußball-______________ (Nomen 2) gegen die Nachbarschule und kaum eine halbe Stunde später lag er in der Not-______________ (Nomen 3) des Krankenhauses.

Du denkst, du weißt schon, wie das kam? Ein hartes ______________ (Nomen 2, s. o.), denkst du, voller Körper-______________ (Nomen 4), ein unfaires ______________ (engl. Nomen)? Resultat: ______________ (eine Verletzung). Klingt ______________ (Adjektiv) … ist aber falsch. Rolos ______________ (Nomen 1, s. o.) hatte haushoch gewonnen – ______________ (Zahl 1) zu 1 – und Rolo selbst hatte ganze ______________ (Zahl 2) Tore geschossen. Kaum hatte der ______________ (Beruf 1) das ______________ (Nomen 2, s. o.) abgepfiffen, trat die ganze ______________ (Nomen 1, s. o.) zur Siegerehrung an. Der Sieger erhielt einen schweren ______________ (Gefäß) aus massivem ______________ (Material). Jeder Spieler durfte damit für die Fotografen posieren.

Als Rolo an der Reihe war, hob er die Trophäe schwungvoll in die Höhe. Prompt löste sich der Deckel, ebenfalls aus ______________ (Material, s. o.), und krachte dem armen Rolo voll auf den ______________ (Körperteil). Der ______________ (Beruf 2) musste gerufen werden. Im Krankenhaus wurde die Wunde mit ______________ (Zahl 3) Stichen genäht. So kam es, dass Schützenkönig Rolo leider nicht mit seinen Freunden ______________ (Verb) konnte.

WORTVORRAT

#8

Nomen 1 (Mehrzahl):		______________________
Körperteil 1:	(der)	______________________
Nomen 2 (Mehrzahl):		______________________
Nomen 3:	(der)	______________________
Nomen 4:	(das)	______________________
Körperteil 2:	(die)	______________________
Flüssigkeit:		______________________
Nomen 5:	(der)	______________________
Material:		______________________
Nomen 6:	(der)	______________________
Zahl (größer 1):		______________________
Fabelwesen (Mehrzahl):		______________________

VERRÜCKT!

#8

WARUM NICHT MAL ANDERS?

Fußball ist nichts für dich? Kein Problem, es gibt genügend andere

__________ (Nomen 1), die vom Prinzip her ähnlich sind, aber bei denen nicht mit

dem __________ (Körperteil 1) gekickt wird. Bestimmt kennst du einige davon:

- **Handball:** Auch hier spielen zwei __________ (Nomen 2) gegeneinander, mit dem Ziel, den __________ (Nomen 3) ins gegnerische __________ (Nomen 4) zu befördern. Nur verwendet man dazu nicht den __________ (Körperteil 1, s. o.), sondern – Überraschung! – die __________ (Körperteil 2).
- **Wasserball:** ähnlich wie Handball, nur dass die beiden __________ (Nomen 2, s. o.) das Match in einem Becken voller __________ (Flüssigkeit) austragen.
- **Hockey:** Auch hier gibt es zwei __________ (Nomen 2, s. o.), die um einen __________ (Nomen 3, s. o.) kämpfen. Dieser ist jedoch deutlich kleiner und er wird nicht mit dem Körper gespielt, sondern mit einem __________ (Nomen 5) aus gebogenem __________ (Material).
- **Basketball:** Hier ist der __________ (Nomen 3, s. o.) normal groß, dafür ist das __________ (Nomen 4, s. o.) jetzt viel kleiner – genau genommen ist es nur ein aus Kordel geflochtener __________ (Nomen 6), der zu allem Überfluss auch noch rund __________ (Zahl) Meter über dem Boden hängt.

Kein Spiel für __________ (Fabelwesen)!

WORTVORRAT

#9

Verb 1: ______________________

Nomen 1 (Mehrzahl): ______________________

Beruf: (der) ______________________

männl. Vorname: ______________________

Zahl 1 (größer 1): ______________________

Material: (das) ______________________

Zahl 2 (größer 1): ______________________

Nomen 2 (Mehrzahl): ______________________

Verb 2: ______________________

Nomen 3 (Mehrzahl): ______________________

Nomen 4 (Mehrzahl): ______________________

Kleidungsstück (Mehrzahl): ______________________

Haushaltsgegenstand (Mehrzahl): ______________________

Ort: (der) ______________________

Körperteil (Mehrzahl): ______________________

Verb 3: ______________________

#9

SPORT ZUM LESEN

Falls du dich außer für Fußball auch für ____________ (Verb 1) interessierst, kennst du möglicherweise die Buchreihe „Die Wilden Fußball-____________ (Nomen 1)“. Sie wurde erfunden von einem ____________ (Beruf) namens ____________ (männl. Vorname) Masannek und erzählt von ____________ (Zahl 1) Kids, die für ihr Leben gern das runde ____________ (Material) kicken, und ihren Auseinandersetzungen mit anderen Vereinen.

Auf mehr als ____________ (Zahl 2) Bücher hat es die Reihe mittlerweile gebracht. Damit auch ____________ (Nomen 2) in fremden Ländern sie ____________ (Verb 2) können, wurden die Bücher in viele ____________ (Nomen 3) übersetzt. Auch einige Kino-____________ (Nomen 4) sowie eine Cartoon-Serie hat man daraus gemacht. Fans der „Wilden Fußball-____________ (Nomen 1, s. o.)“ können ____________ (Kleidungsstück), ____________ (Haushaltsgegenstand) und vieles mehr mit dem Logo ihrer Helden kaufen. So kann man auch beim Training auf dem ____________ (Ort) zeigen, worauf man steht.

Und du? Liest du gern über Fußball oder benutzt du lieber deine eigenen ____________ (Körperteil) zum ____________ (Verb 3)?

WORTVORRAT

#10

Knabberzeug (Mehrzahl): ______________________

Material: ______________________

berühmter Fußballer 1: ______________________

Nomen 1: (das) ______________________

Land: ______________________

Zahl (größer 1): ______________________

Körperteil: (der) ______________________

Adjektiv 1: ______________________

Nomen 2: (die) ______________________

Verb: ______________________

berühmter Fußballer 2: ______________________

Nomen 3: (das) ______________________

berühmter Fußballer 3: ______________________

Erfrischungsgetränk: ______________________

Nomen 4: (das) ______________________

Ausruf: ______________________

Adjektiv 2: ______________________

Adjektiv 3: ______________________

Nomen 5: (der) ______________________

#10

IM SUPERMARKT

Junge: Wo sind denn hier die ______________________ ?
Knabberzeug

Mädchen: Da drüben, wo die Figur aus ____________________ steht.
Material

Hey – ist das nicht dieser Fußballer, den du so gut findest?

Junge: Ja, das ist ____________________________ . Im letzten ____________________
berühmter Fußballer 1 — Nomen 1

gegen _________________ hat er _________________ Tore geschossen!
Land — Zahl

Mädchen: Was steht da auf der Sprechblase, die aus seinem ____________________
Körperteil

kommt? „KNUSPER-KNACKIS KNACKEN ____________________ !“
Adjektiv 1

Junge: Wenn er das sagt, muss es stimmen. Komm, die nehmen wir!

(sie gehen zur ____________________ *und* _________________ *)*
Nomen 2 — Verb

Mädchen: Schau mal: ____________________________ macht Werbung für
berühmter Fußballer 2

Haar-____________________ , ____________________________
Nomen 3 — berühmter Fußballer 3

für ___________________________ … Irgendwie hat das nichts mehr mit Fußball zu tun.
Erfrischungsgetränk

Die machen das doch nur fürs ____________________ , oder?
Nomen 4

Junge: *(reißt die Tüte auf und kostet)* ___________________ ! Die schmecken ja
Ausruf

____________________ ! Jede Wette, dass ________________________ die nie probiert
Adjektiv 2 — berühmter Fußballer 1, s. o.

hat. Als Profisportler würde er davon außerdem viel zu ____________________ werden.
Adjektiv 3

Mädchen: *(kostet ebenfalls)* Stimmt, eklig! Vielleicht sollten Fußballer lieber bei ihrem

____________________ bleiben …
Nomen 5

WORTVORRAT

#13

männl. Vorname 1:		______________
Nomen 1:	(die)	______________
Nomen 2:	(die)	______________
Nomen 3:	(der)	______________
Zahl (größer 1):		______________
weibl. Verwandte (Mehrzahl):		______________
Nomen 4:	(der)	______________
Farbe 1:		______________
Farbe 2:		______________
männl. Vorname 2:		______________
Farbe 3:		______________
Farbe 4:		______________
Beruf:	(der)	______________
Nomen 5 (Mehrzahl):		______________
Fahrzeug (Mehrzahl):		______________
Schimpfwort (Mehrzahl):		______________

#13

EINE FRAGE DES GESCHMACKS

Endlich hat das Team von ____________________ die Bezirks-____________________
männl. Vorname 1 — Nomen 1

gewonnen! Die Jungs steigen in eine höhere ____________________ auf.
Nomen 2

„Wir brauchen neue Trikots", findet ____________________ .
männl. Vorname 1, s. o.

Leider hat der ____________________ nicht genug Geld. Die Spieler fragen daheim nach
Nomen 3

Unterstützung. Rasch finden sich ______________ ____________________ ,
Zahl — weibl. Verwandte

die die Trikots nähen wollen. Nur: in welchen Farben? Ein heftiger ____________________
Nomen 4

entbrennt: „ ____________________ !", verlangt ____________________ .
Farbe 1 — männl. Vorname 1, s. o.

„ ____________________ !", ruft ____________________ . „ ____________________
Farbe 2 — männl. Vorname 2 — Farbe 3

mit weißen Streifen", wünscht sich der Trainer. Am Ende einigt man sich auf die letzte

Variante, dazu Shorts in Hell-____________________ .
Farbe 4

Um den Stoff zu bezahlen, muss Geld her. Der Trainer schlägt vor, Werbung auf die

Trikots zu drucken. ____________________ und seine Freunde klappern
männl. Vorname 1, s. o.

die Geschäfte ab. Bald haben sie Abmachungen mit einem ____________________ ,
Beruf

einem Laden für ____________________ und einem Reparaturbetrieb
Nomen 5

für ____________________ in der Tasche.
Fahrzeug

„Wir sehen aus wie ____________________ ", findet ____________________ ,
Schimpfwort — männl. Vorname 1, s. o.

als die Trikots fertig sind. Aber wen stört das schon, solange man in einer höheren

____________________ spielen darf?
Nomen 2, s. o.

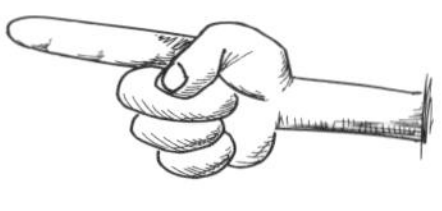

WORTVORRAT

#14

Beruf: (der) ______________________

Nomen 1 (Mehrzahl): ______________________

Nomen 2 (Mehrzahl): ______________________

Nomen 3 (Mehrzahl): ______________________

Adjektiv: ______________________

Verb: ______________________

Farbe 1: ______________________

Farbe 2: ______________________

Material: (der o. das) ______________________

engl. Nomen (Mehrzahl): ______________________

Nomen 4: (der) ______________________

Zahl (größer 1): ______________________

Nomen 5 (Mehrzahl): ______________________

elektr. Gerät: (der) ______________________

#14

WAS HABE ICH IN MEINER TASCHE?

Eine der wichtigsten Personen auf dem Spielfeld ist der ____________________ .
Beruf

Er achtet darauf, dass die Spieler die ____________________ einhalten,
Nomen 1

er bestraft ____________________ , zählt die fallenden ____________________
Nomen 2 Nomen 3

und vieles mehr. Für diesen Job braucht der „Unparteiische“ eine spezielle Ausrüstung:

1) Trillerpfeife: möglichst ____________________ und schrill.
Adjektiv

Mit ihr kann der ____________________ das Spiel an- oder
Beruf, s. o.

ab____________________ oder es unterbrechen.
Verb

2) Farbkarten: klassischerweise in ____________________ und ____________________ ,
Farbe 1 Farbe 2

meist aus wetterfestem ____________________ . Sie dienen dazu, von Spielern
Material

begangene ____________________ zu bestrafen. ____________________ bedeutet
engl. Nomen Farbe 1, s. o.

eine Verwarnung, bei ____________________ wird ein ____________________
Farbe 2, s. o. Nomen 4

des Platzes verwiesen.

3) Stoppuhr: Normalerweise dauert ein Spiel ____________________ Minuten.
Zahl

Der ____________________ kann allerdings Nachspielzeit gewähren,
Beruf, s. o.

um Unterbrechungen oder ____________________ auszugleichen.
Nomen 5

4) Schreibblock: zum Notieren von ____________________ , Nachspielzeiten
engl. Nomen, s. o.

etc. (Wird heute oft durch einen Mini-____________________ ersetzt.)
elektr. Gerät

WORTVORRAT

#15

männl. Vorname:		____________
Nomen 1:	(der)	____________
Nomen 2 (Mehrzahl):		____________
öffentl. Gebäude:	(der o. das)	____________
Adjektiv:		____________
Nomen 3 (Mehrzahl):		____________
Nomen 4:	(die)	____________
Zahl 1 (größer 1):		____________
Kopfbedeckung (Mehrzahl):		____________
Nomen 5:	(das)	____________
Material:		____________
Körperteil 1:	(der)	____________
Verb:		____________
Körperteil 2:	(der)	____________
Zahl 2 (größer 1):		____________
erfundenes Wort (Nomen):		____________

#15

ANDERE LÄNDER, ANDERE BÄLLE

______________ (männl. Vorname) ist ein riesiger Fußball-______________ (Nomen 1). Als seine Familie Urlaub in Amerika macht, kauft sein Vater ihm zwei ______________ (Nomen 2) für ein *Football*-Match. Voller Vorfreude nehmen Vater und Sohn im ______________ (öffentl. Gebäude) Platz … Doch was ist das? Das Spielfeld sieht ganz ______________ (Adjektiv) aus: Auf dem Rasen sind fremdartige ______________ (Nomen 3) aufgemalt und anstelle von Toren steckt an jedem Ende eine riesige ______________ (Nomen 4) im Boden. Und erst die Spieler: Zwar sind es ______________ (Zahl 1), wie es sich gehört, aber sie tragen ______________ (Kopfbedeckung) und eine dicke Panzerung. Der Ball ist nicht rund, sondern ähnelt einem ______________ (Nomen 5) aus ______________ (Material). „Was ist hier los?“, stammelt ______________ (männl. Vorname, s. o.). Sein Vater weiß es auch nicht.

Verwirrt verfolgen die beiden das Spiel. Der seltsam geformte Ball wird zwar ab und zu mit dem ______________ (Körperteil 1) gespielt, die meiste Zeit jedoch ______________ (Verb) die Spieler mit ihm unter dem ______________ (Körperteil 2) herum. Und ständig rennt man sich gegenseitig um! Das Spiel endet nach ______________ (Zahl 2) Minuten – allerdings nicht nach zwei Halbzeiten, sondern nach vier Vierteln.

Jetzt endlich dämmert es ______________ (männl. Vorname, s. o.):

„*American Football* ist eine andere Sportart als unser Fußball.

Den nennt man hier in Amerika ‚______________ (erfundenes Wort)‘!“

WORTVORRAT

#16

männl. Vorname: ____________________

Zahl 1 (größer 1): ____________________

Verb 1: ____________________

Nomen 1: (der) ____________________

Jahreszeit: ____________________

Zahl 2 (größer 1): ____________________

ausländische Stadt: ____________________

öffentliches Gebäude: (die) ____________________

Nomen 2: (die) ____________________

Verb 2: ____________________

Teil des Körpers (Mehrzahl): ____________________

berühmter Fußballer: ____________________

Zahl 3: ____________________

Flüssigkeit: (der) ____________________

Sportart: ____________________

elektrisches Gerät: (der) ____________________

englisches Nomen: ____________________

#16

EIN TAG IM TRAININGSLAGER

__________________ ist gerade mal ______________ Jahre alt,
männl. Vorname / Zahl 1

aber er weiß schon genau, was er später werden will: Fußball-Profi.

Seit er ______________ kann, spielt er im ________________ seines Dorfes.
Verb 1 / Nomen 1

Diesen ________________ hat er sich zum ersten Mal fürs Trainingslager angemeldet:
Jahreszeit

zwei Wochen nichts als Fußball! Zusammen mit ______________
Zahl 2

anderen Jugendlichen reist er nach ________________ . Dort wohnen
ausländ. Stadt

sie in einer ____________________ , direkt neben einer professionellen
öffentl. Gebäude

Sport-________________ . Ihr Tagesablauf sieht wie folgt aus:
Nomen 2

- **8:00 Uhr:** ______________
  Verb 2
- **8:30 Uhr:** Gemeinsames Frühstück
- **10:00 Uhr:** Aufwärmen der ________________ auf dem Platz
  Teil d. Körpers
- **10:30 Uhr:** Trainingseinheit mit ________________
  berühmter Fußballer
- **13:00 Uhr:** Mittagessen
- **15:00 Uhr:** Anwenden des Gelernten in einem ____________-minütigen Match
  Zahl 3
- **17:30 Uhr:** Duschen, um den ________________ des Tages abzuspülen
  Flüssigkeit
- **18:30 Uhr:** Abendessen
- **19:30 Uhr:** Relaxen, entweder auf der hauseigenen ______________-Bahn,
  Sportart

  vor dem ______________ oder an der Play-______________
  elektr. Gerät / engl. Nomen
- **21:00 Uhr:** Ab ins Bett

WORTVORRAT

#17

Adjektiv 1:		______
Nomen 1:	(der o. das)	______
Nomen 2:	(die)	______
elektrisches Gerät 1:	(der)	______
öffentliches Gebäude:	(der o. das)	______
Verwandte (Mehrzahl):		______
elektrisches Gerät 2:	(das)	______
Beruf:	(der)	______
Farbe 1:		______
Farbe 2:		______
Sportgerät:	(der)	______
elektrisches Gerät 3 (Mehrzahl):		______
Adjektiv 2:		______
Verb:		______
Werkzeug:	(die)	______
männliches Tier (Mehrzahl):		______

#17

PARADIES FÜR FUSSBALLFREUNDE

Weißt du eigentlich, wie ______________ (Adjektiv 1) du dich als Fußball-______________ (Nomen 1) in der heutigen Zeit schätzen kannst? Du kannst die Spiele deiner Lieblings-______________ (Nomen 2) auf einem großen, farbigen ______________ (elektr. Gerät 1) verfolgen, so klar wie jemand, der im ______________ (öffentl. Gebäude) in der ersten Reihe sitzt.

Das war nicht immer so. Die Eltern deiner ______________ (Verwandte) hatten oft nur ein ______________ (elektr. Gerät 2). Sie konnten lediglich vermuten, was auf dem Feld passierte – und das auch nur, wenn der ______________ (Beruf) vor Ort alles, was passierte, genau beschrieb.

Etwas später gab es immer mehr ______________ (Farbe 1)-______________ (Farbe 2)-Fernseher. Nun konnte man Spieler und ______________ (Sportgerät) sehen, allerdings nur in bescheidener Qualität und aus weiter Ferne, da es nur wenige, fest installierte ______________ (elektr. Gerät 3) gab.

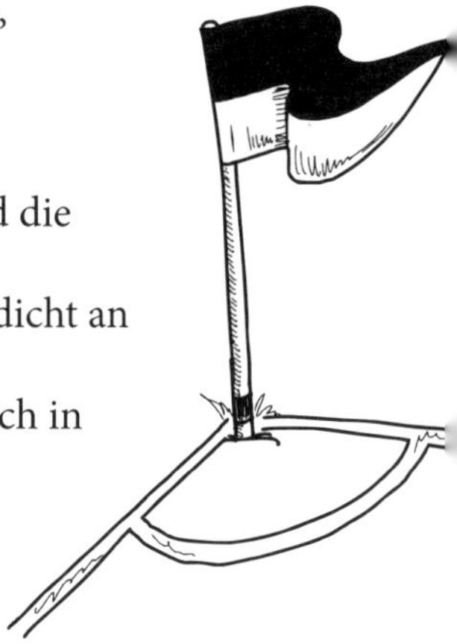

Irgendwann wurde das Fernsehen dann ______________ (Adjektiv 2) und die ______________ (elektr. Gerät 3, s. o.) wurden immer besser. Jetzt konnten sie dicht an den Ball heran______________ (Verb), und wichtige Spielzüge ließen sich in Zeit-______________ (Werkzeug) betrachten, also extrem verlangsamt.

Heute sehen fliegende ______________ (elektr. Gerät 3, s. o.), sogenannte ______________ (männl. Tier), zuweilen mehr als der Schiri auf dem Platz – genau wie du zu Hause vor dem ______________ (elektr. Gerät 1, s. o.). Toll, oder?

WORTVORRAT

#18

Sportart: ______________________________

Ort: (der) ______________________________

Nomen 1 (Mehrzahl): ______________________________

Nomen 2 (Mehrzahl): ______________________________

Nomen 3: (der) ______________________________

Nomen 4: (die) ______________________________

Verb 1: ______________________________

Nomen 5: (der) ______________________________

Material: ______________________________

Nomen 6 (Mehrzahl): ______________________________

Verb 2: ______________________________

Feldposition beim Fußball: (der) ______________________________

Nomen 7: (der) ______________________________

Adjektiv: ______________________________

#18

BALL IM ALL

Was wäre, wenn man ____________________ nicht auf der Erde spielen würde,
Sportart

sondern auf einer Raumstation irgendwo im ________________ ?
Ort

Kein Problem? Zwei ____________________ , zwei ____________________ ,
Nomen 1 Nomen 2

ein ____________________ und los?
Nomen 3

Nicht ganz. Im ____________________ gibt es nämlich keine ____________________ .
Ort, s. o. Nomen 4

Das bedeutet: Alles wäre schwerelos! Der ____________________ würde nicht irgendwann
Nomen 3, s. o.

liegen bleiben, er würde ewig weiter ____________________ !
Verb 1

Das Spielfeld dürfte also nicht flach, es müsste ein riesiger ____________________ und
Nomen 5

nach allen Seiten geschlossen sein – am besten aus ____________________ oder einem
Material

anderen durchsichtigen Material, damit man draußen etwas vom Spiel sehen kann.

Da auch die Spieler schwerelos wären, bräuchten sie Düsen-____________________ ,
Nomen 6

mit denen sie hierhin und dorthin ____________________ könnten.
Verb 2

Als ____________________ könnten rechteckige Felder auf zwei der Wände dienen.
Nomen 1, s. o.

Schießt ein Spieler den ____________________ dagegen, ohne dass
Nomen 3, s. o.

der ____________________ ihn abwehrt, gibt es einen Punkt.
Feldposition

Man bräuchte noch eine ganze Reihe weiterer neuer Regeln, da auch der

Straf-____________________ und viele andere Markierungen anders gemessen werden
Nomen 7

müssten. Aber ____________________ anzuschauen wäre so ein Spiel auf jeden Fall, oder?
Adjektiv

WORTVORRAT

#19

weibl. Vorname:		____________
Nomen 1:	(das)	____________
Adjektiv:		____________
männl. Vorname:		____________
Nomen 2:	(die)	____________
Verb:		____________
Gefühl:	(die)	____________
Körperteil (Mehrzahl):		____________
Nomen 3:	(das)	____________
Kleidungsstück:	(die)	____________
Geräusch:	(der)	____________
englisches Nomen (Mehrzahl):		____________
Farbe:		____________
Zahl (größer 1):		____________

#19

MEIN SCHÖNSTES FERIENERLEBNIS

(Schulaufsatz von ____________________ , 12 Jahre)
weibl. Vorname

Schon lange hatte der Fußballverein ein besonderes Event geplant:

ein ____________________ , Mädchen gegen Jungs!
Nomen 1

Natürlich waren die Jungs anfangs ____________________ und sträubten
Adjektiv

sich. ____________________ , der Kapitän der Jungenmannschaft,
männl. Vorname

sagte sogar, das sei „unter ihrer ____________________ ". Mädchen könnten
Nomen 2

nicht ____________________ und es sei sowieso klar, wer gewinnen würde.
Verb

Unsere Kapitänin fragte daraufhin, ob die Jungs etwa ____________________ hätten.
Gefühl

Da bekamen alle knallrote ____________________ und der Termin stand.
Körperteil

Wir nutzten das schöne ____________________ und trainierten fast jeden Tag.
Nomen 3

Die Jungs taten gar nichts. Wahrscheinlich wäre das unter ihrer ____________________
Nomen 2, s. o.

gewesen …

Als der große Tag da war, machten die Jungs auf dicke ____________________ .
Kleidungsstück

Doch bereits kurz nach dem An-____________________ gingen wir in Führung.
Geräusch

Jetzt spielten sie aggressiver, mehrmals kam es zu ____________________ .
engl. Nomen

Der Schiri gab jedes Mal ____________________ und kurz darauf waren nur noch
Farbe

sieben Jungs auf dem Platz. Wir gewannen verdient ____________________ zu 1.
Zahl

Da sage noch mal einer, Mädchen könnten nicht ____________________ !
Verb, s. o.

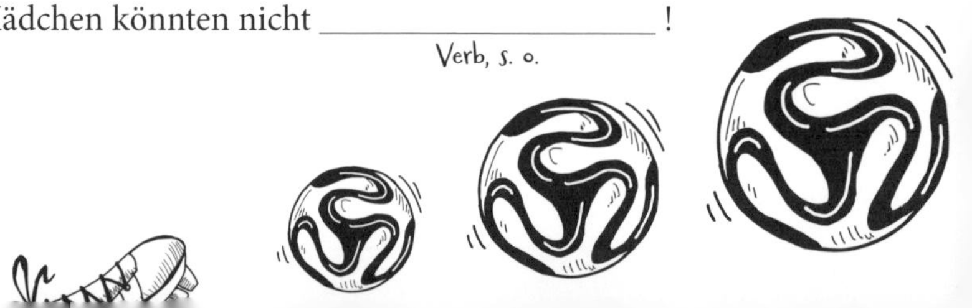

WORTVORRAT

#20

öffentliches Gebäude: (der o. das) ____________________

Nomen 1 (Mehrzahl): ____________________

Verb: ____________________

Nomen 2: (die) ____________________

Nomen 3 (Mehrzahl): ____________________

Nomen 4: (die) ____________________

Nomen 5: (der) ____________________

etwas Ekliges: ____________________

Adjektiv: ____________________

Nomen 6 (Mehrzahl): ____________________

deutscher Fußballverein: ____________________

Schimpfwort (Mehrzahl): ____________________

Sinnesorgan: (das) ____________________

Teil des Körpers: (der) ____________________

#20 WO MAN SINGT, DA LASS DICH RUHIG NIEDER

Warst du schon mal live bei einem Spiel im ____________________ ?
öffentl. Gebäude

Dann wird dir aufgefallen sein, dass Fußball-________________
Nomen 1

unheimlich gern ______________ . Vor, während und nach dem Spiel stimmen sie
Verb

im Chor manch interessantes Lied an. Aufgrund der enormen ________________
Nomen 2

ist es oft schwer, einzelne ________________ zu verstehen. Grob kann man
Nomen 3

zwei Arten von Liedern unterscheiden:

1) „Wir-sind-die-Größten"-Lieder: Diese Gesänge drehen sich darum,

dass die eigene ________________ besser ist als alle anderen. Gern werden
Nomen 4

hierbei bekannte Melodien benutzt, die die ________________ kurzerhand
Nomen 1, s. o.

mit einem neuen ________________ versehen.
Nomen 5

2) „Ihr-seid-________________ "-Lieder: Mit ihnen wird besungen,
etwas Ekliges

wie ______________ die Gegner sind. Kraftausdrücke kommen hierbei
Adjektiv

ebenso häufig zum Einsatz wie ________________ .
Nomen 6

WICHTIG: Vor dem ________________ im ____________________ immer
Verb, s. o. — öffentl. Gebäude, s. o.

prüfen, wo du dich gerade befindest! Ein Lied mit dem Text „ ________________ ,
dt. Fußballverein

ihr seid alle ______________ !", versehentlich gesungen, während du in
Schimpfwort

der ________________-Kurve stehst, kann leicht ein blaues ________________
dt. Fußballverein, s. o. — Sinnesorgan

oder einen ausgeschlagenen ________________ zur Folge haben.
Teil d. Körpers

WORTVORRAT

#21

Lebewesen (Mehrzahl): ______________________

Land: ______________________

Material: (das) ______________________

Nomen 1 (Mehrzahl): ______________________

Körperteil: (der) ______________________

Sportgerät: (der) ______________________

Nomen 2: (das) ______________________

Nomen 3: (das) ______________________

Adjektiv: ______________________

Verb 1: ______________________

Feldposition beim Fußball 1: ______________________

Feldposition beim Fußball 2: ______________________

Tier (Mehrzahl): ______________________

Verb 2: ______________________

Nomen 4 (Mehrzahl): ______________________

Verb 3: ______________________

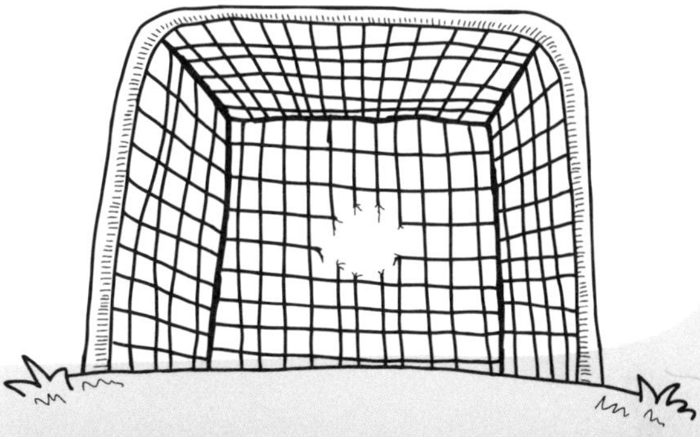

#21

EIN TIERISCHER SPASS

Du denkst, Fußball sei nur etwas für ____________________ ? Falsch gedacht!
Lebewesen

In einigen asiatischen Ländern, etwa ____________________ oder Indien,
Land

lässt man *Elefanten* das runde ____________________ treten. Natürlich machen
Material

die Dickhäuter das nicht von ganz allein. Die eigentlichen ____________________
Nomen 1

sitzen auf dem ____________________ der Tiere und lenken sie. Ziel ist es –
Körperteil

wie beim „normalen“ Fußball –, einen ____________________ von gängiger Größe
Sportgerät

quer über das ____________________ und ins ____________________ des gegnerischen
Nomen 2 Nomen 3

Teams zu kicken. Elefanten mögen runde Dinge: Schon wenn sie noch

ganz ____________________ sind, laufen sie ihnen hinterher und versuchen,
Adjektiv

sie zu ____________________ . Entsprechend leicht ist es, die Dickhäuter
Verb 1

zum ____________________ oder ____________________ auszubilden.
Feldposition 1 Feldposition 2

Ein weiteres Spiel, das dem Fußball ähnelt und das ebenfalls

auf dem ____________________ von Tieren gespielt wird, heißt Polo.
Körperteil, s. o.

Die ____________________ , auf denen die ____________________ hierbei reiten,
Tier Nomen 1, s. o.

müssen den ____________________ allerdings nicht selbst ____________________ .
Sportgerät, s. o. Verb 2

Das erledigen ihre Reiter mithilfe langer ____________________ .
Nomen 4

Welche anderen Tiere könnten sich noch gut zum ____________________ eignen?
Verb 3

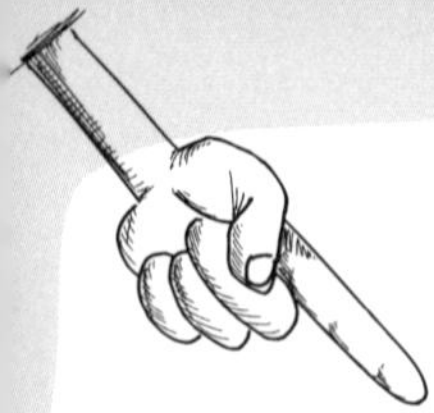

WORTVORRAT

#22

Nomen 1 (Mehrzahl): ____________________

Nachname: ____________________

Adjektiv 1: ____________________

männl. Verwandter: ____________________

männl. Vorname: ____________________

Nomen 2: (das) ____________________

Feldposition beim Fußball: ____________________

Nomen 3: (die) ____________________

Nomen 4: (der) ____________________

Verb 1: ____________________

Adjektiv 2: ____________________

Verb 2: ____________________

Ausruf: ____________________

Nomen 5 (Mehrzahl): ____________________

Adjektiv 3: ____________________

Verb 3: ____________________

#22

PEINLICH, PEINLICH

Trainer: Liebe ____________________ ! Herr ______________________ ist leider
Nomen 1 Nachname

erkrankt. Bis er wieder ____________________ ist, bin ich euer Trainer.
Adjektiv 1

Junge 1: Aber das ist doch dein ________________________ , ______________________ !
männl. Verwandter männl. Vorname

Was will der denn hier?

Junge 2: Keine Ahnung. Aber ich habe ein ganz schlechtes ____________________ …
Nomen 2

Trainer: Zunächst werde ich die Mannschaft neu aufstellen.

Du, ______________________ , spielst ab sofort als ______________________ .
männl. Vorname, s. o Feldposition

Junge 1: Aber das ist doch *meine* Position!

Junge 2: Und ich bin eigentlich Torwart, _______________________ !
männl. Verwandter, s. o.

Trainer: Keine _________________ ! Dein Talent muss gefördert werden, mein Junge!
Nomen 3

Und jetzt auf den _________________ mit euch – zehn Runden warm_________________ !
Nomen 4 Verb 1

(flüstert) Für dich natürlich nur eine, mein Junge!

Junge 1: *(keuchend)* Das ist total ____________________ , wie der dich bevorzugt!
Adjektiv 2

Trainer: Und nun trainieren wir Elfmeter-___________________ !
Verb 2

Dazu nimmt man mit dem Ball an der Mittellinie Aufstellung …

Junge 1: __________________ ! Er kennt nicht mal die ____________________ !
Ausruf Nomen 5

Junge 2: Das ist so was von ____________________ , _______________________ !
Adjektiv 3 männl. Verwandter, s. o.

Trainer: Autsch! Da bin ich beim __________________ doch glatt ausgerutscht.
Verb 3

Das Training ist für heute beendet!

WORTVORRAT

#23

Nomen 1: (der o. das) ____________________

Adjektiv 1: ____________________

Verb 1: ____________________

Flüssigkeit: (der) ____________________

Zahl (größer 1): ____________________

Sportler: (der) ____________________

Möbel: (der o. das) ____________________

elektrisches Gerät: ____________________

Verb 2: ____________________

Beruf: (der) ____________________

Nomen 2 (Mehrzahl): ____________________

Fremdwort (Nomen): ____________________

Abkürzung (zwei Buchstaben): ____________________

Nomen 3 (Mehrzahl): ____________________

Nomen 4: (die) ____________________

Sportgerät: (der) ____________________

Knabberzeug (Mehrzahl): ____________________

Adjektiv 2: ____________________

#23

DIGITALE NEUE WELT

Fußball wird immer auf dem ____________________ gespielt?
Nomen 1

Der Sport ist ____________________ , man muss viel ____________________ ,
Adjektiv 1 — Verb 1

der ____________________ fließt in Strömen?
Flüssigkeit

Alles falsch! Im ____________________ . Jahrhundert ist eine Karriere als Welt-
Zahl

klasse-____________________ möglich, ohne dass man dafür vom ____________________
Sportler — Möbel

aufstehen muss. Wie? Natürlich mithilfe von ____________________-Spielen!
elektr. Gerät

Du kannst darin entweder selbst ____________________ oder der ____________________
Verb 2 — Beruf

sein, der das Team zusammenstellt, indem er Weltklasse-____________________
Nomen 2

ein- und verkauft. Bekannte Vertreter heißen z. B. „Pro ____________________ Soccer“
Fremdwort

oder „ ____________________ 18“. In vielen davon kommen real existierende
Abkürzung

____________________ und ____________________ vor. Auch die Grafik,
Nomen 2, s. o. — Nomen 3

die das Geschehen auf dem ____________________ zeigt, ist heute oft so gut,
Nomen 1, s. o.

dass sie sich kaum noch von einer Fernseh-____________________ unterscheiden lässt.
Nomen 4

Trotzdem gibt es noch einen guten Grund, ab und zu mal nach draußen zu gehen

und „in echt“ den ____________________ zu treten: Immer nur vor dem
Sportgerät

____________________ zu sitzen und ____________________ zu mampfen,
elektr. Gerät, s. o. — Knabberzeug

macht auf die Dauer ____________________ !
Adjektiv 2

WORTVORRAT

#24

Zahl (größer 1): ______________________

Abkürzung: ______________________

Nomen 1 (Mehrzahl): ______________________

Lebewesen (Mehrzahl): ______________________

Fahrzeug (Mehrzahl): ______________________

Nomen 2: (die) ______________________

elektrisches Gerät (Mehrzahl): ______________________

Verb 1: ______________________

Nomen 3: (die) ______________________

Nomen 4: (der) ______________________

Musikinstrument (Mehrzahl): ______________________

Verb 2: (er/sie/es) ______________________

Körperteil (Mehrzahl): ______________________

Getränk: ______________________

Teil des Kopfes (Mehrzahl): ______________________

Verb 3: ______________________

Beruf: (der) ______________________

#24

DIE SCHÖNSTE ZEIT DES JAHRES

Alle ______________ Jahre ist es wieder so weit:
Zahl

Die Fußball-________________ steht vor der Tür!
Abkürzung

Für Abertausende ________________ ist dieses Ereignis die schönste Zeit
Nomen 1

im Jahr. ________________ in allen Teilen unseres Landes dekorieren
Lebewesen

ihre ________________ mit Wimpeln und Fähnchen in den Farben
Fahrzeug

der deutschen ________________ . Überall werden riesige ________________
Nomen 2 — elektr. Gerät

und Leinwände aufgestellt, damit jeder ________________ kann, wenn die deutsche
Verb 1

National-________________ spielt. Trägt sie den ________________ davon,
Nomen 3 — Nomen 4

geht die Party erst richtig los: Dann wird in ________________ geblasen,
Musikinstrument

man ________________ und johlt. Erwachsene Männer fallen einander in
Verb 2

die ________________ , stoßen mit ________________ an und steigen
Körperteil — Getränk

in ihre ________________ , um hupend durch die Stadt zu kurven.
Fahrzeug, s. o.

Weniger schön ist es, wenn die deutsche National-________________ verliert.
Nomen 3, s. o.

Dann sieht man lange ________________ , wohin man schaut.
Teil d. Kopfes

Menschen ________________ hemmungslos oder verfluchen den ________________ ,
Verb 3 — Beruf

der das Spiel gepfiffen hat. ________________ mit fremdländischen Flaggen
Fahrzeug, s. o.

fahren hupend durch die Stadt …

Wie ist es mit dir? Freust *du* dich auf die nächste ________________ ?
Abkürzung, s. o.

WORTVORRAT

#25

Kleidungsstück (Mehrzahl): ____________________

Nomen 1 (Mehrzahl): ____________________

Material 1: ____________________

Verb 1: ____________________

Nomen 2: (der) ____________________

Verb 2: ____________________

Adjektiv: ____________________

Nomen 3: (der) ____________________

Gebäude: (die) ____________________

Nomen 4 (Mehrzahl): ____________________

Material 2: (der o. das) ____________________

Nomen 5: (der) ____________________

Nomen 6: (das) ____________________

Verwandter 1: (die) ____________________

Verwandter 2: (der) ____________________

Feiertag: ____________________

Sportler: (der) ____________________

#25

AUF SCHUSTERS RAPPEN

Wer professionell kicken möchte, sollte auf die richtige Ausrüstung achten.

Wichtigster Bestandteil sind die ____________________ .
Kleidungsstück

Fußball-____________________ verfügen über sogenannte „ ____________________ “.
Kleidungsstück, s. o. — Nomen 1

Das sind Noppen aus einem harten Material, z. B. aus ____________________ .
Material 1

Der Zweck ist nicht, dass man den Gegner besonders fest ____________________ kann,
Verb 1

vielmehr graben sie sich bei jedem Schritt tief in den ____________________ ein.
Nomen 2

So kann man beim Spielen nicht ____________________ , auch wenn es draußen
Verb 2

mal ____________________ ist. Findet das Spiel auf Kunst-____________________ statt,
Adjektiv — Nomen 3

sind die Noppen kleiner und zahlreicher. Wird dagegen in der ____________________
Gebäude

gespielt, sind die ____________________ glatt und bestehen aus rutschfestem
Nomen 4

____________________ .
Material 2

Gute Fußball-____________________ sind nicht billig.
Kleidungsstück, s. o.

Aber wenn man zum Beispiel im ____________________ spielt, geht es nicht ohne.
Nomen 5

Reicht dein Taschen-____________________ nicht aus, wünsch dir das Modell
Nomen 6

deiner Träume einfach von ____________________ oder ____________________
Verwandter 1 — Verwandter 2

zu ____________________ . Dann steht deiner Karriere als Profi-____________________
Feiertag — Sportler

nichts im Wege.

Das war's?

Schon alle Wortvorratslisten ausgefüllt,
aber du willst den Spaß mit anderen,
noch verrückteren Wörtern wiederholen?

WWW.VERRUECKTE-LUECKEN.DE

Hier findest du alle Wortvorratslisten.
Einfach auf Download, ausdrucken und
es heißt von Neuem:

AUSFÜLLEN – VORLESEN – ABLACHEN

VERRÜCKTE LÜCKEN

AUSFÜLLEN – VORLESEN – ABLACHEN

VERRÜCKTE LÜCKEN ist ein durchgedrehtes, ganz und gar unsinniges Textspiel, das man allein oder zusammen mit Freunden spielen kann.

DU BRAUCHST NOCH MEHR ABGEDREHTE GESCHICHTEN?

KEIN PROBLEM!

ISBN: 978-3-7432-0566-6

ISBN: 978-3-7432-0567-3

ISBN: 978-3-7432-0527-7

ISBN: 978-3-7432-0526-0

ISBN: 978-3-7432-0156-9

ISBN: 978-3-7432-0158-3

ISBN: 978-3-7432-0159-0

Loewe

Das will ich lesen!

FSC
www.fsc.org
MIX
Papier aus verantwortungsvollen Quellen
FSC® C018236

ISBN 978-3-7432-0157-6
2. Auflage 2021

Texte von Jens Schumacher
Lektorat: Steffi Korda, Hamburg
Umschlag- und Innenillustrationen: Michael Ludwig Dietrich
Umschlagfoto: © shutterstock.com – Bildnr.: 183105233 – Urheber: Tungphoto
Umschlaggestaltung: Michael Ludwig Dietrich
Printed in the EU

WWW.LOEWE-VERLAG.DE